TRADUCTION

DES

EXERCICES GRECS

ÉLÉMENTAIRES ET GRADUÉS

DE

A. CHASSANG

PARIS

GARNIER FRÈRES, LIBRAIRES-ÉDITEURS

6, RUE DES SAINTS-PÈRES ET PALAIS-ROYAL, 215

1874

TRADUCTION

DES

EXERCICES GRECS

ÉLÉMENTAIRES ET GRADUÉS.

I

Le pays produit des oliviers et des lauriers.

L'avarice est une cause de méchanceté.

La main droite l'emporte sur la main gauche.

Il y a de belles maisons sur la place publique et dans les rues.

O enfant, aime la piété et la vérité !

Les oliviers étaient consacrés à Minerve.

Les Athéniens aimaient les oliviers et l'ombre des oliviers.

II

Le soir apporte le repos.

Athènes avait l'empire de la mer.

Les Grecs désiraient vivement la gloire.

Athènes et Sparte luttèrent pour la suprématie.

L'habileté des abeilles est merveilleuse.

Les chœurs de danse et les chants étaient très-agréables aux Muses.

Les Grâces aimaient les Muses.

III

La terre et la lune sont des sphères.

Le plaisir est souvent une cause de peine.

Dompte la colère.

Aime la tempérance.

Les maisons ont des portes.

La vertu est une source de plaisirs.

Dans les bois il y a des sources et des rochers.

La piété et la tèmpérance sont deux grandes vertus.

IV

O citoyen, observe les lois.

Il appartient à un maître d'avoir soin de ses serviteurs.

Marsyas, le joueur de cithare, avait beaucoup de suffisance.

Tous haïssent l'insolent.

Les Spartiates étaient passionnés pour la gloire et l'honneur.

Le courage sied aux marins.

Les Athéniens avaient des hoplites et des archers.

V

Le travail est un trésor pour les hommes.

Le langage est l'image de l'âme.

Alexandre, fils de Philippe, vainquit Darius.

La crainte du Seigneur est le commencement de la sagesse.

L'Europe produit les fruits nécessaires à la vie.

Les hommes évitent la peine.

Mercure était le messager des Dieux.

Mars hait les méchants.

Cette mère nourrit deux enfants jumeaux.

VI

Les jeunes filles portent dans les fêtes des corbeilles sur leurs têtes.

Les courants de la mer portent aide à la navigation.

L'intelligence est le plus grand don de Dieu.

Les campagnes sont pleines de lièvres.

Il y avait dans le jardin des paons au beau plumage.

Honorez les dieux propices.

Androgée était fils de Minos.

Le cultivateur nettoie son aire.

VII

Hector était fils de Priam et d'Hécube.

Quand la neige tombe, la terre apparaît toute blanche.

Il est juste de combattre pour la patrie.

Les astres font voir les heures de la nuit.

Le fer est rougi au feu.

Les esclaves craignent le fouet.

Les généraux portent seuls des robes de pourpre et des cuirasses d'argent.

Une femme baigna de ses larmes les pieds de Jésus, et les essuya avec ses cheveux.

Vulcain était boiteux des deux jambes.

VIII

Les rayons du soleil font notre joie.

Procné devint hirondelle, Philomèle rossignol.

Les enfants mâles sont élevés par les pères.

Les nomades de Libye comptent le temps par les nuits.

Les animaux mâles ont le cœur belliqueux.

La tyrannie enfante l'injustice.

Chez les Éthiopiens les femmes portent des armes.

Chez tous les Grecs Ajax était honoré pour sa bravoure.

Les lions enlèvent leur proie avec leurs griffes et leurs dents.

IX

Le corps du cheval est plus beau que celui de l'âne.

Les connaissances détournent les jeunes gens de bien des fautes.

Aux poëmes d'Homère est attachée la gloire.

Le bœuf est terrible par ses cornes.

Berger, garde tes troupeaux.

La grâce enfante la grâce, la querelle enfante la querelle.

Un homme avait une volaille qui pondait des œufs d'or.

X

Examine avant le commencement la fin de toute action.

L'homme a cinq sens : le toucher, la vue, l'ouïe, le goût, l'odorat.

Les alcyons enlèvent les poissons des eaux de la mer.

Les chênes étaient consacrés à Jupiter.

La famine dépeuple les villes.

O pudeur, reste parmi les hommes.

A Athènes, le Céramique tirait son nom des fabriques de poterie.

Deucalion était fils de Prométhée.

Honore tes parents.

Il convient aux historiens de dire la vérité.

Le frondeur tire sur le cavalier du lieu où il est embusqué.

XI

Les cornes des taureaux sont terribles.

Les Grecs qui s'étaient distingués dans les batailles obtenaient une récompense.

Le temps est pour les hommes l'épreuve du caractère.

Les ennemis approchaient les machines de la muraille.

Le bon citoyen est utile à l'État.

Le pilote a sauvé la galère.

Les galères furent construites à Corinthe.

Les gains coupables emportent toujours leur châtiment.

Les Phéniciens immolaient des grives à Hercule.

XII

Proserpine était fille de Cérès.

Il faut que la fille obéisse à la mère.

Ne sois pas l'esclave de ton ventre.

O enfants, obéissez à vos pères et à vos mères.

La lune avec les autres astres brille au ciel.

Il n'appartient pas à un homme d'avoir des désirs immodérés.

Les femmes sont bavardes, surtout les vieilles.

Craignez les cornes des bœufs et les dents des chiens.

Il convient que les jeunes gens aient l'épée à la main.

XIII

Les hommes bons sont aimables.

Près de l'Italie est la Sicile, île riche et très-peuplée.

Les biens des amis sont communs.

L'avenir est obscur.

La jeunesse est chose légère.

D'un mauvais commencement vient une fin mauvaise.

Xerxès, assis sous une tente d'or, considérait le combat.

Diogène appelait le riche ignorant un mouton à la toison d'or.

C'est un esclavage dur et honteux que d'être asservi aux voluptés.

Tu as un corps mortel, mais une âme immortelle.

Un mauvais serviteur trompe un maître paresseux et léger.

Il est d'un homme libre de dire la vérité.

Les uns décrétèrent une chose, les autres une autre.

Peu d'hommes sont devenus sages, de fous qu'ils étaient.

Epaminondas descendait d'un père obscur.

XIV

La terre entière et la mer entière sont ouvertes à l'homme.

La plupart des hommes sont fous.

Les vêtements de deuil sont noirs.

Portez deux béliers, l'un blanc, l'autre noir.

Les racines de l'instruction sont amères, mais ses fruits sont doux.

Cérès et Proserpine étaient appelées les grandes déesses.

Beaucoup de fleuves coulent en Italie.

Prêtez une oreille attentive aux discours de la sagesse.

C'est une chose agréable que la beauté quand il s'y joint un esprit sage.

La vie est courte, mais l'art est long.

XV

Il est plus savant que sage.

Tu es trop grand pour pleurer.

Il n'y a rien de plus honteux que de mentir.

Le bon est de beaucoup supérieur à l'agréable.

Contente-toi de ce que tu as, et cherche le mieux.

Rien n'est plus doux que la patrie.

Faire est difficile, ordonner est plus commode.

Si nous avons deux oreilles et une seule bouche, c'est pour écouter davantage et parler moins.

Les bons conçoivent sur la fin de la vie de plus douces espérances que les méchants.

Socrate était le plus sage des Grecs.

La peine et le plaisir sont choses fort dissemblables.

Le crocodile devient très-grand, de très-petit qu'il est d'abord.

La Bactriane était un pays très-prospère.

XVI

Il vaut mieux avoir un seul ami d'une grande valeur que d'en avoir plusieurs qui ne valent rien.

La mouche a six pattes : elle se sert seulement de quatre pour la marche ; les deux pattes de devant sont pour elle comme des mains.

Pyrrhus fit la guerre en Italie pendant deux ans et quatre mois.

Les anciens pensaient que les Sères vivaient jusqu'à trois cents ans, et les Chaldéens au delà de cent ans.

Platon mourut dans la première année de la 88e olympiade, après avoir vécu 81 ans.

Les Lacédémoniens, pour porter secours aux Athéniens, parcoururent 1,200 stades en trois jours et autant de nuits.

On disait que l'armée entière de Darius se composait d'environ 40,000 cavaliers, un million de fantassins, deux cents chars armés de faux, et quinze éléphants.

XVII

Les corneilles sont très-fidèles entre elles, et s'aiment beaucoup.

Cet homme est bon.

C'est une loi chez les Perses, que, lorsque le roi fait une excursion dans la campagne, tous les Perses, chacun selon ses moyens, lui apportent des présents.

L'apôtre saint Paul écrivit aux Corinthiens.

La sagesse de ce monde est folie auprès de Dieu.

Cette maison est celle de Démosthènes.

Le maître l'a dit.

Tel est son avis ; mais le mien est autre.

Nous avons vu le roi lui-même.

Il périt un grand nombre de chiens dans la chasse au sanglier, et les chasseurs eux-mêmes courent de grands dangers.

XVIII

Un certain Démétrius dit à Néron : « Tu me menaces de la mort, mais toi tu en es menacé par la nature. »

Le Scythe Anacharsis, comme quelqu'un lui demandait ce qui est hostile aux hommes, répondit : Ce sont eux-mêmes.

O étrangers, qui êtes-vous ? quelle est votre patrie ?

Ces barbares, que vous voyez, sont très-belliqueux.

Je suis fils d'un tel, et c'est une telle qui est ma mère.

Le grand roi fait venir Cyrus de la satrapie à laquelle il l'a préposé.

Mercure vola les bœufs que faisait paître Apollon.

Autant d'hommes, autant d'opinions.

Quelle tête ! Et elle n'a pas de cervelle !

Quiconque trahit sa patrie mérite la mort.

Pour les hommes bien nés, la terre entière est une patrie.

Occupons-nous seulement de la science qui nourrit l'âme des hommes.

XIX

Jupiter fit sortir Minerve de sa propre tête.

Personne de nous n'a vu le jour de demain.

Dieu nous aime comme des enfants.

Pensez à votre âme.

Nul n'est libre qui n'est pas maître de lui-même.

Cherche à plaire aux autres, et non pas à toi seul.

Mon frère est meilleur que moi.

A moi de parler, à toi de te taire.

Agésilas a laissé des monuments impérissables de sa vertu.

Respecte-toi toi-même et les autres te respecteront.

Vieillard, dis-moi tes chagrins.

La grêle a détruit nos moissons.

Alexandre écrivit à Darius : « J'ai vaincu d'abord tes généraux et satrapes ; aujourd'hui j'ai triomphé de toi et de ta puissance. »

XX

Si j'étais rossignol, je ferais l'office de rossignol ; si j'étais cygne, de cygne ; étant philosophe, il me faut louer Dieu : c'est là ma fonction.

Vivons avec les bons.

Qu'il n'y ait qu'un chef, qu'un roi.

Si tu es ami de la science, tu seras savant.

Les mercenaires grecs étaient fidèles à Darius.

Celui qui va avec les sages, sera sage.

Tu es digne de louange.

Les lois des Athéniens et celles des Lacédémoniens étaient différentes.

Présent, fais ce qu'il faut ; autrement, c'est comme si tu étais absent.

Que des hommes justes soient tes convives.

O Dieu, sois mon guide dans cette vie.

Aucun méchant ne saurait échapper au châtiment.

XXI

Antée était roi de Libye.

Tu as entendu, jeune homme ; maintenant réplique si tu veux.

Ecoute, mon cher enfant.

Les bonnes mœurs enfantent de bons fruits.

Crois qu'il y a un Dieu.

Que le péché ne règne pas sur ton âme ; au contraire, fuis-le.

Les flatteurs perdent ceux qui les nourrissent.

Agésilas fit une expédition contre Thèbes.

Instruis bien les jeunes gens.

Parlons ou taisons-nous.

Aristote avait été le précepteur d'Alexandre.

Œdipe avait résolu l'énigme du Sphinx.

Je ne saurais dire cela.

Les lois règlent les États.

Si vous parliez ainsi, vous vous tromperiez.

Sous le règne de Cyrus, les Perses eurent la domination sur les Mèdes.

Il est bien né pour la philosophie.

XXII

Chrysès vint pour racheter sa fille.

Je me suis baigné.

Tu as délié tes fers.

Ce qui est honteux, ce n'est pas d'être pauvre, mais de l'être par une cause honteuse.

Croyez que l'homme en colère ne diffère du fou que par la durée de son mal.

Les anciens Athéniens s'enveloppaient de vêtements de pourpre.

Quelqu'un ayant demandé à Alcibiade comment on pourrait le mieux plaire aux hommes, il répondit : En leur tenant le langage le plus agréable, et en leur étant de la plus grande utilité.

Agésilas respectait les suppliants des dieux, même quand c'étaient des ennemis.

Châtiez ceux qui administrent les affaires de l'État contrairement aux lois.

Nous cesserons d'accuser la fortune si nous voyons d'autres avoir le même sort que nous.

Comme tu es mortel, souviens-toi de la fortune.

XXIII

Ce qu'on nomme sagesse pourrait bien n'être que de la folie.

Hercule fut élevé à Thèbes.

L'impie passe sans être estimé des dieux ni des hommes.

Junon et Mercure sont honorés par les Samiens.

Dans un péril commun, personne ne voudrait être empêché de secourir ceux qui sont en danger.

L'eau était conduite au Tibre par des fossés.

L'oligarchie qui existait à Samos fut détruite par Périclès.

Les Perses furent empêchés par Miltiade d'asservir la Grèce.

Gryllus, fils de Xénophon, avait été élevé à Sparte.

Quelques-uns pensent que Périclès fut surnommé Olympien à cause de son talent d'homme d'État et de général.

Il faut délivrer les prisonniers.

XXIV

Tais-toi, ou dis des choses qui vaillent mieux que le silence.

Les Massagètes, peuple scythe, n'ensemençaient pas la terre, mais vivaient de poissons.

Que le gain ne dompte pas ton âme.

Les Grecs vainquirent les Perses à Marathon.

L'enfant qui dit ou fait quelque chose d'injuste rougit de honte.

Les mères spartiates ordonnaient à leurs enfants de vaincre ou de mourir.

Les Athéniens honoraient Solon à cause de sa sagesse.

Essayez de vaincre vos ennemis par des bienfaits.

La reine des abeilles, restant dans la ruche, ne permet pas que les abeilles soient oisives.

Si tu vis bien, tu mourras heureux.

Il faut vivre conformément à la nature.

Les Athéniens nourrissaient dans le Prytanée les ambassadeurs des peuples étrangers.

Le trophée de Miltiade ne laissait pas dormir Thémistocle.

XXV

Je me sers des livres que j'ai.

Darius fut vaincu par Alexandre.

Il faut honorer la vertu.

Comment me servirai-je de cet instrument?

Que les bienfaiteurs de la ville soient toujours honorés par les citoyens.

Ne te fais pas d'amis à la légère.

Personne ne veut se faire des amis pauvres.

Mars était honoré avant tout par les Thraces.

La folie est guérie par l'ellébore, et la colère par le raisonnement.

Entreprends de vivre comme si tu devais vivre soit longtemps, soit peu de temps.

Le temps est le médecin de tous les maux ; c'est lui qui te guérira, toi aussi.

C'est surtout l'expédition de Chersonèse qui fit admirer Périclès comme général.

XXVI

Cet homme est atteint d'une maladie terrible.

Dis ce que tu fais.

Une seule hirondelle ne fait pas le printemps.

Il tenait le loup par les oreilles.

Honore tes parents.

Veillez à ne pas vous tromper.

Presque tout le monde fait moins de cas de l'homme de bien que du riche.

Le Nil coulait autrefois à la mer par une seule embouchure.

Les sources versaient du miel et du lait.

Il s'en faut de beaucoup que les riches soient heureux.

Les rois qui honorent les savants reçoivent d'eux autant de relief qu'ils leur en donnent.

Le travail de l'homme qui cherche, vient à bout de tout.

Les Athéniens commandaient aux habitants des îles.

Dans son bonheur, il faisait du bien aux infortunés.

Un homme méchant est malheureux, même dans la prospérité.

Le remède d'une âme malade, c'est la raison.

Beaucoup te haïront, si tu t'aimes.

XXVII

Il fut privé de la liberté.

Cela fut accompli par Alexandre.

La gloire ne s'achète pas à prix d'argent.

Tu dois venir en aide à l'État.

Je m'appelle lion.

Aimant, nous sommes aimés; haïssant, nous sommes haïs.

Ne vous contentez pas de louer les bons; imitez-les.

Tous ceux qui châtient les hommes injustes, empêchent les autres de souffrir de l'injustice.

Que nul ne redoute la mort, délivrance de tout mal.

Il vaut mieux être victime de l'injustice que de la commettre.

Ne fais jamais ton ami d'un homme méchant.

Choisissez pour généraux ceux que vous connaîtrez les plus prudents à l'endroit des dangers.

XXVIII

L'homme vit selon la nature quand il vit dans la vertu, et non quand il vit dans le plaisir.

Montre à tes amis ta pensée.

Imite les actes de ceux dont tu envies la gloire.

Non-seulement les lois châtient ceux qui commettent l'injustice, mais elles viennent en aide aux hommes justes.

La voix de la chair est de n'avoir ni faim, ni soif, ni froid.

Chez les Grecs, il était permis de châtier les esclaves.

Diogène comparait les avares à des hydropiques.

Jupiter frappa de la foudre Salmonée.

Montre s'il est possible de rendre les autres soigneux, quand tu es toi-même négligent.

XXIX

Ceux qui avaient remporté le prix dans les jeux recevaient des couronnes.

Socrate ne se mettait jamais en colère.

La parole est comparée par les sages à l'argent, le silence à l'or.

Pour les enfants des Spartiates, il n'était pas honteux de recevoir le fouet.

Le caractère des hommes se montre moins dans les paroles que dans les actes.

On dit que Bacchus fonda Nysa, après avoir soumis les Indiens.

Les Ioniens, ayant été asservis par les Perses, furent délivrés par Cimon.

N'espérons pas que Pluton soit jamais dompté.

Platon dit un jour à un de ses esclaves : Je te fouetterais, si je n'étais en colère !

XXX

La vertu te conduira au bonheur.

Les anciens ont dit que la fille d'Inachus, Io, ayant été changée en génisse, traversa le Bosphore à la nage et donna ainsi un nom à ce détroit (*le passage de la génisse*).

Saturne enferma les Cyclopes dans le Tartare, après les avoir enchaînés.

Le roi Lycus accueillit avec bienveillance les Argonautes.

Æthra, mère de Thésée, ayant été faite prisonnière, fut emmenée à Lacédémone.

Que celui qui nourrit des bêtes féroces ait soin de les tenir enfermées.

Tu mériteras le respect de tous, si tu commences par te respecter toi-même.

Quelle contrée me recevra maintenant ?

Horatius Coclès, après la rupture du pont, traversa le Tibre à la nage.

Les soldats, ayant tressé une couronne d'épine, la placèrent sur la tête de Jésus.

Nous vous avons convaincus de mensonge.

XXXI

Il lui envoya en présent un cheval.

Jupiter nourrit dans sa tête Minerve tout armée.

La flatterie est un monument qui porte seulement écrit le nom d'amitié.

Si nous avons perdu nos biens, la noblesse du sang nous reste.

Les Thébains envoyèrent un héraut pour demander d'ensevelir les morts.

Il n'est pas facile de faire convenablement l'éloge de la vertu et de la gloire d'Agésilas.

Les Lacédémoniens, ayant subjugué les Messéniens, firent la guerre aux Athéniens.

Glaucippe fut envoyé par le peuple à Alexandre.

Dans les récits sur Hercule on lit qu'il rendit le premier les morts aux ennemis.

Abdalonyme renonça à la royauté pour embrasser une vie simple.

Pyrrhus nourrit dans le métier des armes ses enfants, qui étaient d'une nature vaillante.

Marc-Aurèle écrivit pour lui-même ses *Mémoires*.

Les géants lançaient contre le ciel des quartiers de roche et des chênes enflammés.

XXXII

Xerxès se laissa persuader par Thémistocle de livrer aux Grecs un combat naval.

Le fils d'Anytus, ayant pris goût à la boisson, ne cessait pas de boire, même la nuit.

Je me persuade facilement qu'il doit connaître l'agriculture, celui qui veut bien la surveiller.

Aux noces de Thétis et de Pélée, on dit que les dieux chantèrent le chant d'hyménée.

Les soldats de Cyrus firent leur repas après avoir achevé leur route.

C'est après nous avoir persuadés que le général nous amène ici.

Tous pensaient que Plistonax, roi de Lacédémone, s'était retiré après s'être laissé corrompre par l'or.

Appuyons bouclier contre bouclier.

Les Argiens demandaient aux Lacédémoniens de conclure avec eux une paix de trente ans.

XXXIII

Il est resté trois mois entiers.

Le navire est allé heurter contre les rochers.

Thésée, ayant réuni en une ville tous les habitants de l'Attique, en fit un seul peuple.

La nature a donné aux bons le privilége de bien mourir.

Jamais les habitants de l'Attique n'eurent à supporter un semblable hiver.

Depuis que tu t'es mis en tête de philosopher, tu as relevé tes sourcils au-dessus des tempes.

Comme je venais de nettoyer l'aire, mon maître survint et me loua de mon activité.

Cadmus tua un dragon et sema ses dents ; aussitôt sortirent de terre des homme armés.

C'est le propre du manque de jugement que de mal apprécier les choses.

Il est impossible d'envelopper le feu d'un vêtement et de faire oublier par le temps un acte honteux.

Milon, l'athlète de Crotone, prenait un taureau et le portait au milieu du stade.

Sardanapale avait été corrompu par la mollesse.

Les cavaliers d'Olynthe se dispersaient pour faire du butin.

Les chars des Perses avaient des faux tendues obliquement.

XXXIV

La mort des enfants d'Anaxagore lui ayant été annoncée, il dit : « Je savais que je les avais enfantés mortels. »

Quelqu'un demandait à Démonax : « Comment vous figurez-vous les enfers ? » Il répondit : « Attendez, et je vous écrirai de là-bas. »

Les trente tyrans firent périr sans jugement 1,500 citoyens.

Les Macédoniens détruisirent Thèbes de fond en comble et partagèrent le territoire à leurs alliés.

Artémis (Diane), s'étant vouée à la chasse, resta toujours vierge.

Hercule, marchant contre les méchants, en purgea la terre et la mer.

Les Argonautes, ayant tué Cyzique, coupèrent leur chevelure et lui firent de riches funérailles.

Hercule construisit l'autel de Pélops, et bâtit six autels pour les douze dieux.

Annibal, ayant proclamé Pyrrhus le premier des généraux, s'adjugea le second rang.

Alexandre avait envoyé Philoxène à Suze aussitôt après le combat.

Socrate après sa condamnation, se retira avec des yeux, une attitude et une démarche où éclatait la joie.

Pausanias, enflé par la prospérité, imita le luxe des Perses.

XXXV

Il pensait être le plus heureux des hommes.

Je t'estime heureux à cause de ta sagesse.

J'admire ta vertu.

La pitié entra dans mon cœur.

Quand on a passé le fleuve, le chemin mène à la ville.

Ne reproche à personne son malheur, car la fortune est la même pour tous.

La plupart des femmes romaines étaient habituées à porter les mêmes chaussures que les hommes.

Dans les lois de Solon, une seule et même peine était fixée pour tous les délits, la mort.

Pythagore se donna le premier le nom de philosophe ; le nom répandu chez les anciens était celui de sage.

Celui qui aura retiré le pécheur de la voie où il s'égarait sauvera son âme de la mort et couvrira d'un nuage le nombre de ses péchés.

Définissons l'injustice l'action de nuire à quelqu'un contre la loi.

Ne nous amollissons pas en face des dangers.

Les méchants seront un jour punis.

Ne jugez pas, pour n'être pas jugés.

Les soldats ne se lassèrent pas de tendre leurs arcs.

Ils arrivèrent le troisième jour.

XXXVI

Pourquoi nous faisons-nous les uns aux autres ces reproches?

Souviens-toi du précepte : connais-toi toi-même.

Prends-moi cette lettre.

Il fut instruit dans la sagesse par Socrate.

Ils leur rappelèrent la vérité.

Il oublia qu'il était homme.

Ils ne fuirent pas sans être aperçus par nous.

Platon était injurié par quelqu'un. « Parle mal, lui dit-il, puisque tu n'as pas appris à parler bien. »

Il vient s'informer des choses de la guerre.

Celui qu'aiment les dieux meurt jeune.

Il est mort à l'âge de plus de soixante-dix ans.

Il est évident qu'il s'est trompé.

Le nombre de ses fautes est énorme.

Je me suis aperçu qu'ils riaient.

Souviens-toi que tu es mortel.

On dit qu'Achille, qui avait été instruit par le centaure Chiron, avait reçu des leçons sur les poisons.

XXXVII

Hercule ayant ouvert le corps de l'hydre de Lerne, trempa ses flèches dans le fiel de ce monstre.

Il le frappa de son bâton.

Ils ne firent rien, les uns par bienveillance, les autres par crainte.

Cela s'est fait malgré moi.

Je me souviens de ce que j'ai fait.

Diogène avait allumé un flambeau pendant le jour, et s'en allait disant : « Je cherche un homme. »

L'homme de bien soumet sa pensée au maître du monde, comme le bon citoyen à la loi de l'État.

Un homme avait heurté Diogène avec une poutre, en lui disant : Prends garde. Diogène le frappa de son bâton, en lui disant aussi : Prends garde.

Je suis tout troublé à cause de la multitude des assistants.

Chez les hommes, le cœur se trouve attaché sous la

mamelle gauche; chez les autres animaux, il est placé au milieu de la poitrine.

L'homme est le seul des animaux que Dieu ait fait se tenant droit.

Les Tyriens, ayant égorgé leurs prisonniers, les jetèrent à la mer.

La Terre, indignée de la perte de ses enfants précipités dans le Tartare, persuada les Titans d'attaquer leur père.

Antigone ensevelit secrètement le corps de Polynice.

Euripide fut enseveli en Macédoine.

Ne rendons pas coups pour coups, blessures pour blessures.

XXXVIII

Léonidas, comme on lui disait que le soleil était obscurci par les flèches des Perses, répondit : « Ce qu'il y a de charmant, c'est que nous combattrons à l'ombre. »

Les Grecs s'étonnaient de ce que Crésus n'envoyât personne pour leur annoncer ce qu'il fallait faire.

Artaxerxe s'empare de Cyrus son frère pour le mettre à mort.

Iobate ordonna à Bellérophon de tuer la Chimère, pensant bien qu'il serait tué par elle.

Ceux qui doivent couper l'arbre ne sont pas venus.

Qui le jugera?

Les soldats resteront à leur rang.

Où se réfugieront les fuyards?

Qui ne combattrait point pour sa patrie?

XXXIX

La langue a conduit bien des hommes à leur perte.

Il est impossible d'éviter la mort.

Tous périrent de maladie.

Il eut les yeux crevés.

Il prévint les coups de l'ennemi.

Tu ne saurais être heureux sans prendre de peine.

Hercule avait coupé lui-même à Némée la massue qu'il portait.

Démosthène ayant dit à Phocion : « Les Athéniens te tueront, s'ils viennent à être en fureur. » Phocion répondit : « Oui, ils me tueront, s'ils viennent à être en fureur; mais c'est toi qu'ils tueront, s'ils viennent à être sages. »

Il est à la distance de trois stades.

Il prit part au gain.

Cela arriva de cette manière.

Ptolémée, roi de Macédoine, fut égorgé par les Gaulois, et toute l'armée macédonienne fut taillée en pièces et détruite.

Ne dis pas d'avance ce que tu dois faire ; car si tu échoues, on se moquera de toi.

Hylas, envoyé à la recherche de l'eau en Mysie, fut ravi par les Nymphes.

Sophocle, le poëte tragique, s'étrangla en avalant un grain de raisin.

Vulcain fut précipité du ciel par Jupiter ; ce qui le rendit boiteux.

XL

Ceux qui soupirent après la gloire deviennent rarement illustres.

N'as-tu pas entendu ce que je disais?

L'espérance est le songe d'un homme éveillé.

Les Perses ne fléchirent pas avant de s'être aperçus de la fuite de Darius.

Lycurgue, ayant été pris de fureur, tua son fils, Dryas, à coups de hache, en croyant couper un sarment de vigne.

Les lâches ont quitté leur rang dans le combat.

Qu'est-il arrivé de nouveau ?

Le soleil est apparu resplendissant.

XLI

Les hommes auront toujours besoin de science plutôt que d'argent.

Un père aime ses enfants, mais hait leurs défauts.

Deviens envers tes parents tel que tu souhaiterais que tes enfants fussent envers toi.

Puisse cela ne pas arriver !

Cela arrivera, si vous voulez.

Descends enfin.

Nous sommes nés une fois, mais on ne saurait renaître.

Les abeilles ne craignent pas autant le froid que la pluie.

Ils dirent que Philippe était mort.

Nous mourrons tous et nous renaîtrons.

Quelques-uns ont dit que le soleil est une pierre ou un bloc de feu.

Les animaux coururent.

Il n'est pas venu de plusieurs années.

Il vaut mieux subir du mal de quelqu'un que de lui en faire.

XLII

Tu as éprouvé les mêmes sentiments que moi.

Le méchant sera sévèrement puni.

Il but du vin.

Ce spectacle est agréable à voir.

Toi aussi tu le verras.

Platon, étant jeune, avait une tenue si parfaite qu'on ne le vit jamais rire aux éclats.

On voit beaucoup de gens mal user de la fortune.

Je me souviens de ce qu'il a dit.

Dis adieu aux plaisirs.

Il est capable de dire des mensonges.

Quand on peut vivre en paix, personne ne préfère la guerre.

Il lui enleva ses biens.

Combien la vertu l'emporte sur le vice pour le bonheur !

Tu te repentiras de parler ainsi.

Je viendrai à mon aise.

Un voleur ayant dit à Démosthènes : « Je ne savais pas que cet objet fût à toi, » Démosthènes lui répondit : « Tu savais bien que ce n'était pas à toi. »

Le savant est celui qui sait des choses utiles et non celui qui sait beaucoup.

J'ai la conscience de ne savoir presque rien.

Ils craignent le mal en gens qui savent à quoi s'en tenir.

Tous savent, et surtout toi.

La vie ressemble à un théâtre.

XLIII

Les prytanes se levèrent au milieu de leur repas.

Bacchus, ayant parcouru l'Inde entière, vint à Thèbes après avoir dressé en ce pays des autels.

Il faut prendre pour cavaliers les hommes les plus robustes.

Quelques fugitifs engagèrent les Thébains à se séparer d'Alexandre.

La guerre s'étant élevée, ils appelèrent à leur aide leurs alliés.

Comme Diogène déjeunait sur la place publique, ceux qui l'entouraient lui disaient à chaque instant : Chien! chien! Diogène leur répliqua : « C'est vous qui êtes des chiens, vous qui vous tenez autour de moi tandis que je déjeune. »

Clitus sauva Alexandre dans le combat de cavalerie qui s'engagea contre les Perses sur les bords du Granique.

Les rois de Sparte se levaient devant les éphores.

Cléénète acheta une maison à Nausicrate pour vingt mines.

L'Athénien Lycias futfait commandant de la cavalerie.

Les hommes ne laissent pas même l'air libre aux oiseaux, contre lesquels ils dressent des réseaux et des filets.

On dit que Saturne fit passer les hommes de son temps de la vie sauvage à la vie civilisée.

XLIV

Cette nouvelle me remplit de joie.

Comme on demandait à Chilon ce qu'il y a de plus difficile, il répondit : « C'est de se connaître soi-même, car l'amour-propre fait que chacun s'ajoute beaucoup à soi-même.

Solon ordonne de fournir de la pâte cuite à ceux qui mangent au Prytanée, et de leur servir du pain aux grandes fêtes.

Parmi les plus grands bienfaits de la patrie nous compterons la prudence des gouvernants.

Dans les jeux gymniques des Grecs, il y avait pour les athlètes des combats au pugilat et des luttes corps à corps.

Des tables furent dressées pour les étrangers.

Qui ne considère comme très-sage Lycurgue, ce législateur des Spartiates ? En effet, les lois qu'il avait portées restèrent longtemps en honneur.

XLV

Les Perses craignaient que les ennemis ne les attaquassent de nuit.

Hercule, ayant placé sur ses épaules le lion de Némée, le porta à Mycènes.

Les Argiens firent vœu de consacrer à Apollon le plus bel objet qu'ils auraient pris, quands ils seraient venus à Thèbes.

Solon établit des lois excellentes.

Si vous pardonnez à vos ennemis, il vous sera pardonné ; c'est pour cela que nous avons appris à dire : Pardonne-nous comme nous pardonnons.

Ceux qui n'entendent rien à la sagesse ne vivent pas en réalité.

Les Cynocéphales font entendre des cris qui ressemblent aux grognements humains.

Déesse Iris, quel dieu t'a envoyée vers moi en messagère ?

Les archers visaient au but.

Zoïle, celui qui a écrit contre Homère, avait une longue barbe qui lui tombait du menton.

XLVI

Je vous ai donné des biens.

Le riche donnera au pauvre un vêtement.

Les Athéniens donnaient des couronnes à ceux qui avaient vaincu dans les combats.

Si tu avais, tu donnerais.

Donne toute liberté de langage aux gens sensés.

Tirésias, consulté par les Thébains, leur dit qu'ils

vaincraient, si Ménécée, fils de Créon, se sacrifiait au dieu Mars.

Ménon voulait être ami des plus puissants, afin que, s'il commettait l'injustice, il ne fût pas puni.

Les Titans cédèrent l'empire à Saturne.

Vends ce que tu as, et donne-le aux pauvres.

Que celui qui a deux tuniques partage avec celui qui n'en a pas.

Pythagore disait que les deux plus grands présents faits aux hommes par les dieux sont la vérité et la bienfaisance.

J'ai vendu un geai pour une obole.

Amphion était un joueur de cithare, Mercure lui avait donné une lyre.

XLVII

Le géant Typhon était moitié homme moitié bête.

Vous et moi nous nous portons bien.

Il montra que ce qui faisait la supériorité des états c'était l'injustice.

Les taureaux aux pieds d'airain furent enchaînés par Jason.

Jupiter, indigné contre Junon, la pendit du haut de l'Olympe.

Marcia jeta du poison dans un vase, le mêla à un vin parfumé et le donna à Commode, qui venait du bain.

La Cilicienne demanda à Cyrus de lui montrer son armée.

Montrez-nous votre bienveillance par les actes plutôt que par les discours.

Quelques Macédoniens, s'étant dispersés pour aller au fourrage, furent taillés en pièces par les barbares.

Le pont fut rompu, et avec lui les Macédoniens tombèrent à l'eau.

XLVIII

L'un dit oui, l'autre dit non.

Les Lusitaniens chantent des péans, lorsque, dans les combats, ils s'élancent contre leurs ennemis.

Bias disait que la route vers les enfers est bien facile, car les hommes y vont les yeux fermés.

Les mauvais marchent dans la voie de l'injustice ; il ne faut pas les y suivre.

Anacharsis parcourait toute la Grèce, désirant trouver une sagesse ferme et solide.

Aristippe, comme Denys lui demandait pourquoi les philosophes vont aux portes des riches, et pourquoi les riches ne vont pas aux portes des philosophes, répondit : « C'est que les uns savent ce dont ils ont besoin, et que les autres ne le savent pas. »

XLIX

Je n'aime pas les statues représentant des personnages efféminés.

Il leva l'ancre et navigua vers l'île sainte.

Le sang du dragon coulait pendant le vol de l'aigle.

Qui n'admirerait l'harmonieuse construction du corps humain, et comme la divine Providence a organisé tous nos organes en vue de nos besoins, par exemple la tête, le crâne, les bras, les mains, les doigts, les pieds, les os, les muscles, les nerfs, les genoux, les jambes, les veines, les artères, le larynx, le pharynx, le sternum, le diaphragme, le nez, l'œsophage, l'estomac, le ventre, les intestins, la peau, la moelle, les membranes, etc. ?

Les Athéniens inventèrent la tragédie et la comédie, qui enchantèrent ce peuple.

L'été est agréable ; l'automne l'est plus encore.

Il y a en ce lieu beaucoup de roses.

L

Seize ou dix-sept vaisseaux ont été engloutis au fond de la mer, et leurs épaves sont ballottées sur le rivage.

La flamme jaillit des charbons sous le souffle du vent.

Au renard appartient la ruse, la force à l'ours.

Ce coquillage est creux comme un vase.

Regarde cet astre.

Les chevaux furent liés.

Le vent détruisit un nombre infini de fleurs et de plantes : ce n'était pas le zéphyr.

Tout le monde a horreur des araignées, des grenouilles, des serpents et de tous les reptiles.

On appelle colosse une statue gigantesque.

Ce disque est lourd.

Il ne faut pas négliger l'étymologie.

Junon est assise sur un trône près de Jupiter.

La chambre nuptiale retentit des chants des jeunes gens.

Le golfe de Corinthe est très-large.

LI

Les corbeaux crient après la nourriture.

Thèbes, ville d'Égypte, avait cent portes.

Le soleil brille sur un seul hémisphère.

Les héros étaient l'objet d'une sorte de culte.

Rivalisez avec ceux qui vous sont supérieurs, mais ne leur portez pas envie.

Souvent une musique gaie a dompté les gens en colère.

Sur les plateaux sont des coupes d'or.

Les anciens brûlaient les corps des morts.

Une gloire éternelle est due à Dieu.

Même ceux qui ont des peines cruelles et qui sont courbés sous le poids des chagrins se consolent vite, car le temps guérit tout.

La gloire grandit avec le temps.

Le malade a vomi souvent et beaucoup.

Le lin se tient tout droit.

LII

Ils dansent tous les deux autour de l'antre.

Les fables d'Esope ont un double sens.

La mort égale tous les hommes.

Nous montâmes au sommet de la montagne.

Les mages étaient les prêtres des Perses.

Il y avait à Athènes un portique nommé Pécile.

On donne des tuteurs aux orphelins.

La poésie réclame des vers, des mètres et des rhythmes.

L'histoire témoigne des faits passés.

Les anciens jouaient aux dés.

L'ivresse est une folie de courte durée.

Le Cyclope était fils de Saturne.

Les astres mesurent la course des heures.

LIII

Les rapsodes parcouraient les villes en chantant les poëmes d'Homère.

Une motte de terre broyée devient poussière ; arrosée ou humectée d'eau, elle devient de la bourbe ou de la boue.

Comment un paralytique pourrait-il courir?

Lachésis était une des Parques.

Les Grecs avaient coutume de danser tandis qu'une joueuse de flûte jouait de son instrument.

Les soldats, ayant leurs épées à leur ceinture et sous la main, peuvent facilement les tirer ou les arracher du fourreau, comme aussi les y remettre.

Une lettre est pliée et scellée d'un sceau, afin qu'elle soit lue seulement par celui dont elle porte le nom inscrit.

LIV

Les anciens étaient religieux.

Les dons de la fortune sont instables.

Le célèbre Moïse fut le législateur des Juifs.

Les disciples d'Aristote avaient coutume de se promener dans le Lycée.

En quel endroit de la terre est la félicité parfaite, sans mélange de chagrin ?

Je ne nie pas que telle soit mon opinion.

C'est un homme des plus cruels et des plus féroces.

Dis d'où tu viens.

Achille, roi des Myrmidons, était puissant par la lance.

LV

Les raisins font le vin.

Des sources coule l'eau des fleuves.

Les lions poursuivent les brebis.

Il est en butte à la raillerie, comme vivant seul, sans amis et sans voisins.

Les orgueilleux seront humiliés par la vie.

Ne blâme pas celui qui est compatissant.

Les flots de Charybde sont roulés dans un tourbillon.

Il a le côté et le foie parfaitement sains.

Ceux qui veulent garder leur santé doivent s'abstenir de la viande de porc.

Les disciples de Pythagore mangeaient des légumes ou des fruits ; et jamais ils ne furent pris de satiété.

Qui détournera l'imprécation qui s'avance à pas lents ?

Les membres des rameurs se tendent, et les veines de leur cou se gonflent.

LVI

On entendit dans le bois les mugissements des bœufs et les cris des geais.

Le soleil réchauffe la terre.

Les athlètes se réjouissent quand ils sont frottés d'huile, comme devant combattre.

Il est doux de céder au sommeil dans son lit.

Jupiter a juré un serment terrible par le Styx.

Le gazon mêlé de violettes et de lierre fournit un agréable lit.

La porte du temple est fermée ; elle sera bientôt ouverte.

Malheureux, ne touche pas aux charbons enflammés, mais attends qu'ils soient éteints.

Etendez de toute votre force les voiles de lin.

La douleur est un aiguillon qui pique le cœur.

Quoi de nouveau ? — N'as-tu pas entendu le son des trompettes et le bruit des chars? N'as-tu pas vu l'armée s'avancer et aller au combat? Tous s'élancent, désirant la victoire, tous bondissent de joie et respirent le carnage.

LVII

L'animal blessé se roula en proie à la rage.

Le chien léchait le sang vicié de la blessure.

Léon, empereur de Byzance, fut appelé iconoclaste, frappé ainsi d'un blâme éternel.

Dans l'art des constructions, quand nous voulons savoir ce qui est droit et ce qui ne l'est pas, nous avons recours au cordeau.

De nombreux crocodiles sont cachés par les roseaux du marais.

Tout est flétri par le temps.

Il est un peu jaune de teint.

Celui qui a souillé les choses saintes encourt le nom de fou et mérite châtiment.

Les palais des rois sont toujours pleins d'orateurs qui les louent et de joueurs de cithare qui touchent des instruments.

LVIII

Il n'y a pas lieu de blâmer les hommes, si tous demandent dans leurs prières le bonheur.

Il fut ramené au port, par un heureux retour, du sein de la vaste mer, après avoir beaucoup erré, beaucoup souffert, et avoir été beaucoup mouillé.

Il est beau de fonder et non de détruire des villes.

La table ayant été préparée, il versait goutte à goutte le vin épais du cabaretier.

Ce qui est faussement enflé apparaît bien vite humble et bas.

Un songe joyeux dissipa l'obscurité et les ténèbres du sommeil.

La peau de l'hippopotame est luisante, mais non lisse.

Le blond Phébus fit un signe de tête.

Les rois des Perses étaient ornés d'un diadème.

FIN

Clichy. — Imp. Paul Dupont, rue du Bac-d'Asnières, 12.

www.ingramcontent.com/pod-product-compliance
Ingram Content Group UK Ltd.
Pitfield, Milton Keynes, MK11 3LW, UK
UKHW022139260726
13993UKWH00005B/2039

9 782329 161761